DÉPARTEMENT DU LOIRET

ASSISTANCE MÉDICALE GRATUITE

RÈGLEMENT

Pour l'application de la Loi du 15 Juillet 1893

RÉGLEMENT DÉPARTEMENTAL DU SERVICE DE L'ASSISTANCE MÉDICALE GRATUITE

ARTICLE PREMIER

Un service public d'assistance médicale est établi dans le département du Loiret en exécution de la loi du 15 juillet 1893.

Ce service a pour but de faire donner gratuitement aux malades privés de ressources les secours de la médecine, de la pharmacie et de l'art des accouchements.

Il s'étend, dans les conditions spécifiées ci-après, à toutes les communes du département, sauf à celles qui possèdent une organisation spéciale conformément à l'article 35 de la loi précitée.

TITRE I

Admission à l'assistance

ART. 2

Les listes d'assistance ne pourront comprendre que les vieillards, les infirmes et les incurables indigents, les enfants secourus, les familles nombreuses et nécessiteuses et, en général, les familles dont les revenus n'excèdent pas 9 francs pour le chef de famille et 1 fr. 50 par personne à sa charge, y compris les avantages en nature (nourriture, logement, etc.).

ART. 3

L'assistance devant être mesurée aux besoins des personnes secourues, il est prévu deux catégories d'assistés :

1° Les privés de ressources avérés qui auront droit à l'assistance complète ;

2° Les demi-indigents qui auront droit à la gratuité du médecin à l'exclusion des fournitures pharmaceutiques et, le cas échéant, aux soins hospitaliers.

Le classement des assistés dans l'une ou l'autre de ces catégories est fait par le Conseil municipal lors de l'établissement de la liste.

ART. 4

Dans l'intervalle des sessions, le Bureau d'assistance ou le Maire pourra, par application de l'article 19 de la loi, admettre d'urgence aux secours de l'assistance médicale gratuite les personnes qui, accidentellement, ne peuvent faire les frais d'une maladie grave, d'une opération chirurgicale ou d'une hospitalisation prolongée.

Il déterminera, d'après l'avis du médecin traitant et selon les circonstances et les besoins, la catégorie des soins que comportera l'assistance, soit les frais médicaux et pharmaceutiques, soit les frais médicaux seulement, soit l'hospitalisation.

TITRE II

Service médical

ART. 5

Tous les médecins qui acceptent de se conformer au présent règlement seront chargés du service de l'assistance médicale gratuite dans le département.

Ils ne pourront être exclus de ce service que dans les conditions prévues à l'article 40 ci-après.

ART. 6

Le médecin d'assistance, conformément à la loi du 15 juillet 1893, sera nécessairement convoqué aux réunions trimestrielles du Bureau d'assistance pour l'élaboration et la révision des listes trimestrielles. Il y aura voix consultative. Son intervention constituera une garantie contre l'extension abusive de la liste.

ART. 7

Dans chaque commune et chaque année, les assistés doivent, au moment de la remise de leur carte d'admission, désigner le médecin de leur choix parmi ceux ayant adhéré au présent règlement.

Ce choix est fait pour l'année. Toutefois le Maire et, en cas de refus du Maire, le Préfet pourra autoriser un changement de médecin au cours de l'année, mais seulement pour une nouvelle maladie.

ART. 8

Le Président du Bureau d'assistance remet à chaque médecin intéressé la liste des personnes qui demandent ses soins. Le médecin fait connaître au Maire, avant le 1er janvier, s'il accepte de soigner dans les conditions du règlement, les assistés qui l'ont choisi.

ART. 9

Toute famille qui compte des membres inscrits sur la liste d'assistance reçoit du Président du Bureau une carte d'admission portant les nom, prénoms et âge de chacun des bénéficiaires, la catégorie de la liste dans laquelle chacun d'eux est inscrit, ainsi que le nom du médecin ou de la sage-femme à qui la famille devra s'adresser en cas de besoin.

Cette carte comporte un cadre sur lequel le médecin devra inscrire à leur date les visites et consultations qu'il a effectuées.

ART. 10

Tout assisté qui tombe malade doit prévenir le Président du Bureau d'assistance ou son délégué. Celui-ci lui délivre immédiatement une feuille de maladie.

Dans les communes d'une certaine étendue, des feuilles de maladie pourront être déposées par les soins du Maire et sous son contrôle, dans les divers hameaux de sa commune, chez des membres du Bureau d'assistance ou, à défaut, chez des membres du Conseil municipal.

Le malade s'adressera au délégué le plus rapproché de son domicile qui lui délivrera la feuille de maladie et en rendra compte au maire.

ART. 11

Lorsque l'admission à l'assistance médicale aura été prononcée d'urgence, le Président du Bureau ou son délégué adressera au médecin une note constatant cette admission. Ce dernier la conservera jusqu'à la régularisation de l'inscription et la produira en cas de contestation.

Le Président du Bureau remettra en même temps à l'assisté les pièces énumérées aux articles 9 et 10 ci-dessus sur lesquelles il mentionnera l'admission d'urgence (carte d'admission, feuille de maladie).

Le point de départ à l'assistance est fixé au premier jour de la maladie.

ART. 12

Le malade qui peut marcher se transportera lui-même au cabinet du médecin pour la consultation ; s'il n'est pas en état de s'y transporter, le médecin sera appelé par le Président du Bureau d'assistance.

En cas d'urgence, le médecin peut être apelé par le malade ou sa famille, mais le Président du Bureau d'assistance ou les membres délégués seront aussitôt prévenus pour qu'ils puissent délivrer sans retard la feuille de maladie.

ART. 13

Les médecins du service ne devront faire à chaque malade que les visites strictement indispensables.

Quand une maladie nécessitera un traitement prolongé (plus de 5 visites), le médecin traitant en avisera la Commission de contrôle sous couvert de M. le Préfet.

ART. 14

Sauf en cas d'urgence et l'impossibilité de transport du malade, l'hospitalisation doit être la règle dans toute affection nécessitant une opération.

Si l'opération ne peut être faite qu'à domicile, le médecin traitant en avisera la Commission de contrôle.

ART. 15

Les médecins devront, dans la confection de leurs ordonnances, faire usage des seuls médicaments inscrits au tarif de l'Association générale des Syndicats pharmaceutiques de France.

Sont cependant interdits : les vins médicamenteux, à l'exception des vins diurétiques, les eaux minérales naturelles, sauf l'eau de Vichy et l'eau de Vals, réservées aux enfants du premier âge.

Les spécialités pharmaceutiques et les médicaments spécialisés.

Parmi ceux-ci, quelques spécialités, reconnues indispensables ou irremplaçables, seront autorisées ; la liste en sera établie par la Commission de contrôle et communiquée aux médecins et aux pharmaciens.

Les sirops ne seront pas, autant que possible, prescrits comme édulcorants de tisane ou comme véhicules de médicaments (bromures, iodures, salicylates).

ART. 16

Dans le cas où il le jugerait utile et pour éviter une nouvelle visite ou consultation, qui n'aurait pour but que de prescrire une nouvelle dose d'un même médicament, le médecin sera autorisé à mettre sur son ordonnance : à renouveler une, deux ou trois fois.

ART. 17

Lors de chaque visite qu'il fait au domicile d'un malade ou de chaque consultation qu'il donne à son cabinet, le médecin inscrit la date de cette visite ou de cette consultation sur la feuille de maladie ainsi que sur la carte d'admission prévue à l'article 9.

Le médecin peut retirer, lors de la première visite ou de la première consultation, la feuille de maladie pour la remplir à son domicile.

ART. 18

A la fin de chaque maladie, le médecin fait viser par le Maire la feuille de maladie dûment remplie. Si la maladie se prolonge au-delà d'un mois, le médecin fait viser, à l'expiration du mois, cette feuille par le Maire qui en délivre une autre en échange.

La même feuille ne doit, en aucun cas, servir pour deux mois consécutifs, même si la maladie se prolonge.

Le médecin doit envoyer à la Préfecture toutes les feuilles du mois dans le mois suivant.

Ces feuilles sont appelées à servir au contrôle du service et au calcul des honoraires du médecin.

ART. 19

Dans les villes comptant une population importante, il pourra être créé des dispensaires spéciaux pour les consultations.

Des règlements particuliers, élaborés de concert avec les municipalités, en détermineront les conditions de fonctionnement.

Il sera établi, pour les dispensaires, une feuille de consultation spéciale dont le modèle sera déterminé lorsqu'un ou plusieurs de ces établissements auront été ouverts dans le département.

ART. 20

Les honoraires des médecins sont fixés à :

4 francs pour la consultation au cabinet.

5 francs pour la visite à domicile.

6 francs pour la visite en passant.

Le prix de la visite de nuit, de 8 heures du soir à 7 heures du matin, et celui de la visite du dimanche faite d'urgence (et non celle faite au cours de la maladie) sont fixés au double de la visite ordinaire.

Lorsqu'il y a lieu à une consultation avec un autre médecin, le prix de la visite est doublé pour les deux.

Il est alloué, indépendamment du prix fixé pour la visite au domicile du malade, une indemnité de déplacement de 0 fr. 80 par kilomètre parcouru.

L'indemnité kilométrique est calculée du chef-lieu de la commune où réside le médecin le plus proche au centre du quartier ou hameau habité par l'assisté.

Les fractions de kilomètre excédant 500 mètres sont taxées pour un kilomètre, les fractions de 500 mètres et au-dessous n'étant pas comptées.

Lorsque le prix de la visite est doublé, l'indemnité kilométrique reste fixe.

Le prix de l'indemnité kilométrique pourra être modifié chaque année suivant la variation des différents éléments qui constituent le prix de revient du kilomètre, selon la formule ci-après :

Eléments fixes : Amortissement de la voiture. 3.200 fr. (voit. 10 HP)
                 Réparations .... 1.200 fr.
                 Impôts .... 300 fr.
                 Assurance .... 500 fr.
                 Nettoyage et chauffeur .... 2.000 fr.
                                             ─────────
                              TOTAL...... 7.200 fr.

pour une moyenne annuelle de 20.000 kilomètres, soit 0 fr. 36 d'amortissement au kilomètre.

ART. 21

On entend par visite en passant :

La visite que fait un médecin lorsque, étant déjà dans un village, un malade vient le prier de passer chez lui ou lorsqu'il profite de son passage dans le village ou dans un village voisin pour aller le voir.

La visite en passant doit être le cas habituel.

Les médecins sont invités à faire coïncider, dans la mesure du possible, leurs visites aux assistés avec celles faites à leur clientèle au cours de leurs tournées.

ART. 22

Le laboratoire départemental de bactériologie situé à l'hôpital d'Orléans est mis à la disposition des médecins du service pour tous les examens que nécessiterait le traitement des malades admis à l'assistance médicale gratuite (ultra microscope, examens du sang, examens bactériologiques). Le matériel nécessaire pour les envois de sang sera fourni aux médecins sur demande adressée au laboratoire.

Les frais d'examens et d'analyses seront supportés par le service conformément au tarif spécial approuvé par le Conseil général.

ART. 23

Les opérations chirurgicales sont réglées conformément au tarif annexé au présent règlement.

TITRE III

Service hospitalier

ART. 24

Le médecin qui reconnaît l'impossibilité de soigner un malade à domicile, à cause de son état ou de sa situation, peut prescrire son transfert à l'hôpital.

Il délivre alors un certificat qui doit être signé par le Président du Bureau d'assistance ou son délégué.

ART. 25

L'admission du malade n'est autorisée que sur la production :

1° Du certificat du médecin indiquant la nature de la maladie et les raisons pour lesquelles il y a impossibilité de soigner le malade à domicile ;

2° Du certificat délivré par le Président du Bureau d'assistance ou son délégué, attestant que le malade est inscrit sur la liste d'assistance, ou qu'il a été l'objet d'une décision d'admission d'urgence.

En cas d'envoi à l'hôpital à la suite d'une admission d'urgence, le malade ne pourra bénéficier de la gratuité des soins hospitaliers que si la décision prononçant l'admission d'urgence a été ratifiée par l'autorité préfectorale. Au cas où cette ratification n'interviendrait pas, le malade aurait à supporter les frais de son traitement au tarif ordinaire.

ART. 26

Les malades à hospitaliser seront dirigés sur les hôpitaux d'Orléans, de Gien, de Montargis, de Pithiviers, de Jargeau, de Meung, de Neuville, de Patay, de Sully-sur-Loire, de Beaugency ou Saint-Benoît-sur-Loire, et de préférence sur le plus proche, où ils pourront trouver les soins que réclame leur état.

ART. 27

Le certificat du médecin doit mentionner l'hôpital sur lequel le malade doit être dirigé. Si cet hôpital est autre que celui de la circonscription, le médecin indiquera les motifs de son choix. Le transport a lieu par les soins du Bureau d'assistance et aux frais du service.

ART. 28

Un arrêté préfectoral réglera, après avis du Conseil général, le prix de journée des malades placés dans ces hôpitaux, aux frais des communes, du département ou de l'Etat.

Pour obtenir le remboursement des frais de séjour d'un malade, l'établissement hospitalier devra présenter le certificat d'admission délivré par le médecin et contresigné par le Président du Bureau d'assistance.

Les Commissions administratives des hospices font parvenir à la Préfecture tous les ans, avant le 15 janvier, sous peine de déchéance, un état nominatif des malades traités dans ces établissements, conformément à la loi du 15 juillet 1893.

ART. 29

Les malades assistés qui auraient besoin d'un traitement marin seront envoyés aux hôpitaux de Berck ou de Pen-Bron et dans tous autres établissements qui auront passé un traité avec le département ; ceux qui auraient besoin d'un traitement thermal seront envoyés dans les hôpitaux thermaux spéciaux.

Les tuberculeux seront admis conformément aux prescriptions de la loi du 7 septembre 1919, dans les sanatoriums publics ou dans les sanatoriums privés ayant passé un traité avec le département.

Les malades atteints de la teigne seront soignés à l'hôpital d'Orléans.

Le traitement du cancer pourra être assuré, soit dans les centres hospitaliers qui seront aménagés à cet effet dans le département du Loiret, soit dans un des centres régionaux de traitement dont la création est prévue au programme de la Commission du cancer institué auprès du Ministère de l'Hygiène.

Le Maire adressera, dans un des cas prévus ci-dessus, une demande au Préfet, accompagnée d'un certificat médical indiquant le traitement nécessaire.

TITRE IV

Sages-femmes

ART. 30

Les sages-femmes qui accepteront de se conformer au présent règlement seront chargées des accouchements des femmes inscrites sur les listes d'assistance, ainsi que des soins à donner à l'accouchée et au nouveau-né.

Les assistées auront le droit de choisir leur sage-femme, comme leur médecin et dans les mêmes conditions indiquées aux articles 7 et 8.

Lors de chaque accouchement, la sage-femme fait dresser par le Président du Bureau d'assistance ou son délégué un bulletin spécial, sur la présentation duquel elle recevra l'allocation qui lui est due.

Ces bulletins d'accouchement doivent être adressés à la Préfecture à la fin de chaque trimestre.

ART. 31

La rétribution allouée aux sages-femmes, pour chaque accouchement, y compris les soins donnés à l'accouchée et au nouveau-né et les visites consécutives nécessitées par cet accouchement, est fixée à cinquante francs pour un accouchement simple et à soixante-dix francs pour un accouchement double.

Si, pour un accouchement, la sage-femme doit se transporter dans une commune autre que celle où elle a son domicile, il lui est alloué une indemnité complémentaire de 0 fr. 80 par kilomètre parcouru et en toute saison. Cette même indemnité est allouée pour quatre des visites, au maximum, qui suivent l'accouchement.

Cette indemnité kilométrique est calculée du chef-lieu de la commune où réside la sage-femme la plus proche au centre du quartier ou hameau habité par l'assistée.

TITRE V

Service pharmaceutique

ART. 32

Les médicaments, objets de pansements et appareils sont fournis aux malades assistés par les pharmaciens ou orthopédistes, qui adhèrent au présent règlement.

Les médecins peuvent aussi faire ces fournitures conformément à la législation en vigueur.

ART. 33

Les médicaments, objets de pansements et appareils, inscrits au tarif de l'Association générale des Syndicats pharmaceutiques de France, sauf les exceptions indiquées à l'article 17, peuvent seuls être délivrés, sur ordonnance du médecin, aux malades inscrits sur les listes d'assistance.

Les pharmaciens, orthopédistes ou médecins, qui font ces fournitures, sont tenus de se conformer aux règles établies par ce tarif.

ART. 34

Les appareils orthopédiques ou prothétiques non inscrits à ce tarif peuvent être fournis en vertu d'une décision du Bureau d'assistance prise sur le vu d'un certificat médical et après avis favorable de l'inspecteur départemental.

Des lunettes peuvent être délivrées aux enfants d'âge scolaire, inscrits sur les listes.

L'ordonnance devra émaner d'une clinique ou d'un service ophtalmologique spécial et porter l'affirmation par le médecin oculiste que l'emploi des verres est nécessaire pour prévenir l'aggravation du mal. Cette ordonnance devra être visée par le Président du Bureau d'assistance.

L'Inspecteur départemental peut également, sur la demande justifiée du médecin, autoriser la délivrance exceptionnelle de médicaments non portés au tarif. Cette urgence devra être indiquée sur l'ordonnance.

ART. 35

Les médicaments, objets de pansements et appareils sont payés aux fournisseurs aux prix du tarif de l'Association générale des Syndicats pharmaceutiques de France à l'usage des œuvres d'assistance et de prévoyance sociales, modifié par des bulletins de variations périodiques et avec un rabais de 5 %.

ART. 36

La verrerie est fournie gratuitement par le pharmacien ou le médecin. Elle ne doit donc pas être tarifiée sur les mémoires.

ART. 37

Les pharmaciens sont payés sur la production de mémoires trimestriels fournis avant le 15 du mois qui suit chaque trimestre. Ces mémoires, signés, sont établis en double expédition, sur des feuilles fournies par l'Administration, séparément pour chaque commune.

Les fournitures faites pour des personnes n'ayant pas le domicile de secours communal sont consignées sur des mémoires individuels distincts, également en double exemplaire.

Les ordonnances des médecins devront accompagner ces mémoires et porter, avec le nom du malade, son numéro d'inscription sur la liste, la date et la mention « Service de l'assistance médicale ».

Le décompte du prix des médicaments ou objets fournis sera établi sur les ordonnances en face de chaque médicament ainsi que les prix, pour chacun, d'indemnité fixe et de manipulation s'il y a lieu.

Les fournisseurs devront faire concorder exactement sur les deux expéditions le libellé des pages et leurs totaux, dans le but de rendre plus rapide le travail de vérification.

TITRE VI

Inspection et contrôle

ART. 38

Il est institué un contrôle tant administratif que technique qui sera exercé par une Commission de contrôle.

ART. 39

La Commission de contrôle est composée de la manière suivante :
1° Membres de droit :

Le Préfet ou son délégué, président.
Le Médecin-Inspecteur départemental du service de l'assistance médicale.
Le Contrôleur sur place.
L'Inspecteur départemental de l'assistance publique.
Le Président de la Fédération des Syndicats médicaux du Loiret.
Le Président du Syndicat des pharmaciens du Loiret.
2° Membres désignés :

Cinq conseillers généraux élus par leurs collègues.
Un médecin désigné par la Fédération des Syndicats médicaux.
Un médecin nommé par le Préfet.
Un pharmacien nommé par le Préfet.
Les conseillers généraux sont élus pour trois ans et renouvelables par tiers.

Le médecin désigné par la Fédération est élu pour deux ans.

Le médecin et le pharmacien désignés par le Préfet sont nommés pour deux ans.

L'ordre de renouvellement sera fixé par la Commission par tirage au sort.

Tous les membres sortants sont rééligibles.

Les décisions sont prises à la majorité des membres présents, en cas de partage des voix, celle du Président est prépondérante.

Cette Commission a pour but de :

1° Donner son avis sur toutes les questions qui lui sont soumises par le Préfet ;

2° Surveiller les détails de l'organisation et du fonctionnement du service, contrôler et reviser les mémoires des médecins, pharmaciens et sages-femmes, ainsi que les frais de séjour des assistés dans les hôpitaux ;

3° Donner son avis au Préfet sur les sanctions paraissant nécessaires.

ART. 40

Le Préfet peut, après avoir pris l'avis de la Commission de contrôle, prononcer les peines suivantes :

a) Réduction d'honoraires de médecins ou de mémoires de pharmaciens ;

b) Avertissement motivé ;

c) Exclusion temporaire ou définitive du service de l'assistance médicale gratuite.

Le médecin ou le pharmacien intéressé sera toujours invité à se présenter devant la Commission de vérification pour y être entendu avant toute décision le concernant.

ART. 41

La Commission de contrôle se réunira au moins deux fois par an au moment des sessions du Conseil général.

ART. 42

L'Inspecteur départemental est chargé du contrôle sur pièces du service. Il vérifie les feuilles de maladie et prend note de ce qui lui semble irrégulier ; il le soumettra ensuite à la Commission de contrôle.

Il vérifie et règle les états des sommes dues aux médecins et aux sages-femmes, ainsi que les mémoires de médicaments, objets de pansements et appareils présentés par les médecins, pharmaciens et orthopédistes.

Il est consulté sur toutes les questions qui pourraient donner lieu à des réclamations, tant de la part des médecins, sages-femmes et pharmaciens que de la part des Bureaux d'assistance.

Il adresse au Préfet sur chaque affaire un rapport détaillé.

Il peut, sur la demande justifiée du médecin, autoriser la délivrance exceptionnelle de médicaments non portés au tarif.

Il autorisera la fourniture des appareils orthopédiques et prothétiques qui sont demandés par les médecins ; ces demandes doivent être, au préalable, soumises au Bureau d'assistance, pour avis.

ART. 43

Un contrôleur sur place est chargé de procéder dans les communes à toutes vérifications utiles. Il recherche notamment : 1° Si les personnes inscrites sur les listes d'assistance remplissent toutes les conditions requises pour bénéficier de la loi ;

2° S'il n'y aurait pas lieu d'exercer contre les individus tenus envers les assistés de la dette alimentaire un recours en remboursement des frais de maladie de ces assistés ;

3° Si les médecins se sont acquittés à tous points de vue de leur mission.

Il adresse au Préfet un rapport détaillé sur chaque affaire ayant donné lieu à des observations de sa part.

TITRE VII

Ordonnancement des dépenses

ART. 44

Toutes les dépenses relatives aux visites, aux soins donnés dans les dispensaires, aux opérations, aux accouchements, aux transports, à la fourniture de médicaments, objets de pansements et appareils, aux remboursements à faire aux établissements hospitaliers sont mandatées par le Préfet.

Les mandatements auront lieu par trimestre sur production des mémoires adressés par les créanciers du service, à la Préfecture, dans les quinze premiers jours des mois de janvier, avril, juillet et octobre.

La Commission de contrôle pourra opérer une réduction de 10 % sur les mémoires des médecins ou des pharmaciens qui, sans excuse valable, ne parviendraient pas en temps voulu.

Le présent règlement a été approuvé par le Conseil général du Loiret dans sa séance du 25 avril 1923.

ANNEXE

Tarif chirurgical

1° Sont compris dans le prix de la visite ou de la consultation :

a) Tout procédé d'examen tel que toucher rectal ou vaginal, cathétérisme en série, analyse qualitative d'urine, sucre albumine, etc. ;

b) Les petites interventions ci-après : Applications de pointes de feu, ventouses, mise en place d'un pessaire, incisions simples de petites collections purulentes, pansement simple, ponction évacuatrice, extraction de dent sans anesthésie, électrisation stypage, cautérisation au fer rouge, extraction de projectiles faciles et superficiels, injection hypodermique, massage, etc. ;

2° Ne sont pas compris les certificats médicaux, sauf ceux de décès ou d'hospitalisation qui sont délivrés gratuitement ;

3° *Tarif opératoire :*

Le prix de l'opération comprend la visite, l'anesthésie locale quand elle est utile, l'opération et le premier pansement, mais non l'indemnité kilométrique ni les visites, consultations ou pansements consécutifs.

Assistance de confrère

Pour chaque aide (deux au maximum)....................	50	»
Anesthésie générale par un aide	50	»
Rachianesthésie, chlorure d'éthyle	30	»

A. — Petite chirurgie générale

Suture d'une plaie de la peau.......................	10	»
Injection intramusculaire, au cabinet du médecin.........	5	»
— — au domicile du malade........	10	»
Injection intraveineuse, au cabinet du médecin...........	10	»
— — au domicile du malade...........	15	»
Injection sous-cutanée de sérum antitoxique ou physiologique.	10	»
Prise de sang	10	»
Saignée	15	»
Ventouses scarifiées	10	»
Ponction lombaire	30	»
Ponction exploratrice ou évacuatrice, thoracique..........	40	»
— abdominale	40	»
— vésicale	30	»
— ganglionnaire	30	»
— articulaire	30	»
Incisions profondes de collections purulentes importantes, ou de phlegmons, et drainage........................	30	»
Toilette des plaies superficielles et peu étendues : c'est-à-dire nettoyage, hémostase, épluchage et suture.........	25	»
Toilette des plaies profondes ou étendues................	60	»
Avec suture d'un tendon ou ligature d'un tronc artériel	100	»
Grands pansements longs et difficiles, tels que : brûlures, phlegmons, etc., suivant la nature et l'étendue.. 15 » à	40	»
Ablation des petites tumeurs de la peau ou sous-cutanées, tels que : petit cancroïde, kyste sébacé, lipome, adénome, etc. .... 15 » à	30	»
Ténotomie	40	»
Traitement de l'asphyxie (respiration artificielle)..........	30	»
Réduction de hernie par taxis........................	20	»
Thoracentèse	40	»
Amputation ou désarticulation des membres :		
Doigt ou orteil : partielle	40	»
totale	40	»
plusieurs doigts ou orteils	40	»
avec métacarpien	80	»
Arthrotomies : doigts	30	»
poignet, coude, cou-de-pied..............	80	»
côtes, suivant nombre .... 50 » à	100	»

B. — Petite chirurgie spéciale

Pansements gynécologiques	10	»
Curetage	75	»
Circoncision	30	»
Cure de l'hydrocèle par injections modificatrices	40	»
Dilatation de l'anus	60	»
Incision de fistule à l'anus	50	»
Cautérisation des hémorrhoïdes	50	»
Cure d'un ongle incarné	30	»
Cathétérisme d'urgence	10	»
Dilatation uréthrale (béniqué, bougie)	10	»
Cystoscopie	40	»
Cathétérisme uréthral	75	»
Lavage de vessie, instillations uréthrales ou vésicales	15	»
Lavage d'estomac	15	»
Extraction de dent avec anesthésie	10	»
Pneumothorax artificiel	100	»
Ablation des amygdales ou des végétations	80	»
Corps étrangers simples de l'oreille ou du nez ; tamponnement postérieur des fosses nasales	20	»
Extraction d'un corps étranger de la cornée, de la conjonctive ou sous-palpébral	15	»
Paracenthèse du tympan	40	»

C. — Fractures et luxations

Réduction et contention d'une luxation :

Doigts et orteils	15	»
Pouce, maxillaire inférieur	30	»
Poignet	20	»
Cubitus et radius seulement	30	»
Coude	50	»
Cou-de-pied	80	»
Genou	90	»
Hanche	125	»

Réduction de luxation par intervention sanglante : prix du tarif Breton en 2e catégorie.

Réduction et contention (sans appareil plâtré) des fractures

de doigts, orteils, métacarpiens, métatarsiens	15	»
Côtes, omoplate, sternum	20	»
Clavicule	40	»
Bassin et colonne vertébrale	50	»
Maxillaire inférieur sans opération	25	»

Réduction et contention de fractures par appareil à extension continue (Tillaux, Hennequin) .... 60 »

Réduction et contention de fractures par appareil plâtré :

Extrémité inférieure du radius	50	»
Avant-bras	80	»
Bras	90	»
Jambe	100	»

Cuisse .... 100 «
    Bassin et colonne vertébrale .... 120 »
Toute réfection d'appareil plâtré, suivant l'importance
                                       10 » à 40 »
Fractures de caractère spécial : crâne, rotule, astragale,
    ostéosynthèse (prix du tarif Breton 2e catégorie).
Toute fracture ou luxation nécessitant une intervention
    (prix du tarif Breton 2e catégorie).

D. — Grande chirurgie

Laparotomie (suture intestinale, appendicite, etc.) ...... 300 »
Pour toute autre opération de grande chirurgie (prix du
    tarif Breton 2e catégorie).

E. — Accouchements

Il est entendu que l'accouchement normal doit être fait par une sage-femme, et que le médecin est seul juge de savoir si son intervention est nécessaire.

Accouchement normal par une sage-femme .... 50 »
Accouchement normal par un médecin .... 60 »
Délivrance seule .... 30 »
Accouchement avec forceps, ou version, ou délivrance arti-
    ficielle .... 120 »
Délivrance artificielle seule .... 60 »
Périnéorraphie immédiate pour déchirure étendue .... 50 »
Embryotomie .... 200 »
Curetage utérin .... 75 »

F. — Spécialités

Pour les tarifs des oculistes, otorhino-laryngologistes et radiologistes, se reporter aux prix du tarif Breton 2e catégorie.

TABLE DES MATIÈRES

27. Frais de transport pour hospitalisation.
28. Prix de journée d'hospitalisation.
29. Traitements spéciaux, tuberculeux, teigneux, clinique des Quinze-vingts, traitement du cancer.

TITRE IV

Sages-femmes

30. Désignation des sages-femmes du service.
31. Honoraires des sages-femmes pour accouchement. Indemnité kilométrique.

TITRE V

Service pharmaceutique

32. Désignation des pharmaciens du service.
33. Délivrance des médicaments inscrits au tarif.
34. Délivrance des objets non inscrits au tarif.
35. Tarif des médicaments et objets de pansement.
36. Verrerie.
37. Etablissement des mémoires.

TITRE VI

Inspection et contrôle

38. Contrôle.
39. Rôle et composition de la Commission de contrôle.
40. Sanctions.
41. Réunions de la Commission de contrôle.
42. Inspecteur départemental du service.
43. Contrôleur sur place.

TITRE VII

Ordonnancement des dépenses

44. Mandatement trimestriel.

Orléans, le 20 Juin 1923.

CERTIFIÉ :
Le Secrétaire Général,
GEORGES ROGÉ.

Orléans. — Imp. du Progrès, 59, rue des Carmes